EL ÁRBOL DEL MONO

MICHELE HEENEY

EL ÁRBOL DEL MONO

Por

MICHELE HEENEY

ARPress
ILLUMINATING IDEAS.
EMPOWERING VOICES

ARPress
45 Dan Road Suite 5
Canton MA 02021
Línea directa: 1(888) 821-0229
Fax: 1(508) 545-7580

Información sobre pedidos: Ventas por volumen. Las empresas, asociaciones y otras entidades pueden beneficiarse de descuentos especiales en la compra de cantidades. Para más detalles, póngase en contacto con el editor en la dirección arriba indicada.

Impreso en los Estados Unidos de América.

ISBN-13:	Tapa blanda	979-8-89330-442-8
	Libro electrónico	979-8-89330-443-5
	Tapa dura	979-8-89330-444-2

Número de control de la Biblioteca del Congreso: 2024901181

TABLA DE CONTENIDOS

LOS POEMAS

DEDICADO A TODOS LOS QUE BAILAN CON MONOS

LAS EMOCIONES, QUE SON SUFRIMIENTO, DEJAN DE SERLO EN CUANTO NOS FORMAMOS UNA IMAGEN CLARA Y PRECISA DE ELLAS.

SPINOZA

Los Poemas

EL MONO MALEDUCADO QUE SIEMPRE TIENE RAZÓN

Oh, no,
Ese mono ha vuelto otra vez.
Lanza cáscaras de plátano a las mujeres del pueblo
y a sus pretendientes. Ríe a carcajadas
En Compañía Gentil.
Corrige la gramática de la gente y sus creencias.
Se mete en conversaciones privadas.

Le digo a ese mono, «Sigue así y no habrá
tarjetas de cumpleaños para nosotros este año».

A aquel mono no le importó,
siguió entrometiéndose.

Finalmente está acabado.
Salta de mi espalda y sale por la ventana.

Ese mono loco.

TRANSICIONES

El pequeño poeta
Toma la pluma fina
Para sondear los
delicados nervios
De emociones
invisibles
Provocando que las
lágrimas líquidas
Se evaporen
En el aire
transparente

Y el mundo entero
cambia.

ATRAPADO

Todos nacemos libres. Pronto
Llega el momento de acechar
La red cae.

Carne tierna Mentes tiernas

Pecados enredados

Grabados Fugitivos

Capturados. Atrapados.

Atrapados Y luego arrojados

A las sombras.

Y mucho antes de morir Somos
fantasmas

Fantasmas grises
Condenados a atormentar

A los pocos
Que escaparon

EL NUEVO CIELO MEXICANO

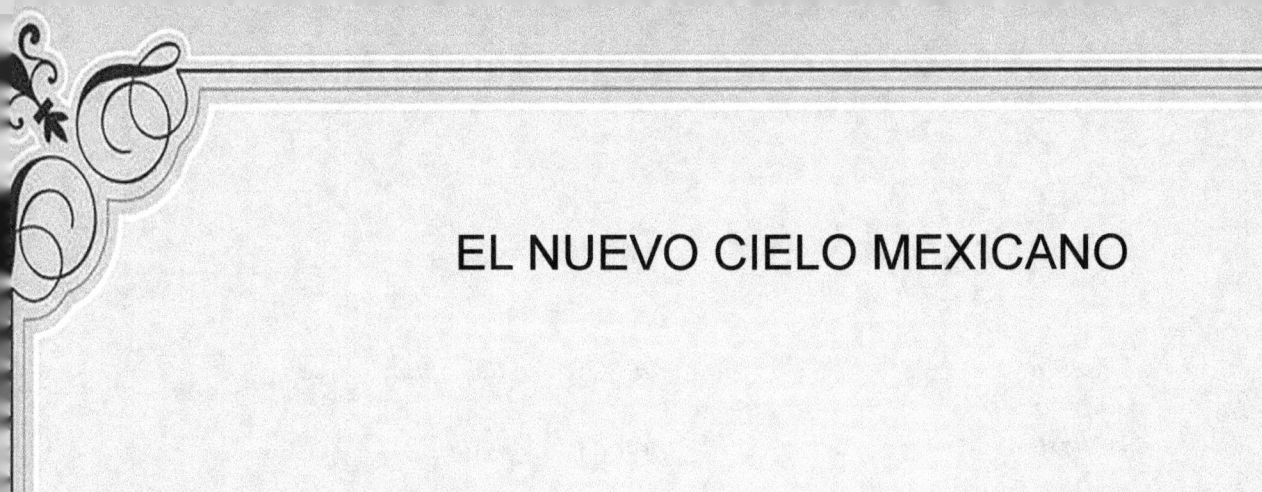

¿Qué nos llama aquí? Voces del cielo,

El majestuoso y brillante cielo nocturno

El deslumbrante Cielo Zafiro Diurno

La Gran Madre Cósmica Embarazada de
Todo el Universo agitado.

Las voces de los antiguos Nos llaman hacia el cielo.

Escuchad
Nos llaman todavía.

DESPUÉS DEL AMOR

Mi amiga
me invitó
A su fiesta.
Dije que iría y llevaría
El pastel.
Ella dijo: «No, trae el
perdón».

Mis padres me
invitaron
A su tumba.
Dije que iría y llevaría
Rosas rojas.
Ellos dijeron, «No,
Sólo trae el perdón».

El Espíritu Santo
susurró
que tenía un regalo
para mí.
Lo abrí,
me arrodillé y lloré.
Era el perdón.

Sin duda, después del Amor,

El Perdón Es El Regalo De Oro.

LA DANZA DE SHIVA

Cejas chamuscadas
 Nariz ampollada y roja
  Labios agrietados y chamuscados

Mi alma dinámica se detuvo
 Mi cuerpo se derritió
  Mente y pensamientos quemados
  Papel quemado

¿Qué pasó?

Una pequeña chispa
 De los tacones de plata
  De la Eterna Bailarina
  Me besó.

ERES BUENO

¡Qué talento!

Realmente
Eres adepto

Bastante impecable, Tal destreza.

Con sólo
...el más leve toque, tu cuchillo...
Golpea el hueso sólido... sin rastro de
sangre.

CONMIGO

Conmigo
Sólo sé.

No necesitas
Cargar con

Tu maleta

Llena de locos

Disfraces.

Conmigo

El ritmo

Es lento

Pero rico
Como el chocolate

Y la miel

Sube
Algo de música

Siéntete libre
Para saltar

Y nadar

Con la letra

Y el ritmo.

Juicio Pretensión

Culpa-Déjalas en la

puerta Conmigo

Sólo sé

No menos

No más.

DONDE ESTÁN LAS COSAS SALVAJES

Somos seres
delicados
Atravesando el
Opulento espacio
Entre opuestos
inamovibles.

El espacio entre
Oscuridad y luz,
Tierra y lucha.

Entre
Masculino y
femenino,
Timón y vela.

Entre
No saber y saber,
Tomar y dar.

En ese vasto
espacio
podemos descubrir
quiénes somos,
Y, si somos
valientes,
unos a otros.

MI BOLA DE AÑOS

Mi bola de años
ha crecido
bastante.
Muestra lo lejos
que he viajado.
Se ha
deshilachado
un poco
alrededor de
los bordes y a
menudo
Se desenreda.

Recuerdo
cuando
era pequeño,
...del tamaño...
De una pelota
de ping pong.
Ahora es tan
grande
como la luna
en una tarde de
junio.

El centro está
bastante corroído.
KABOOM
¡Querido Señor!
Mi pelota de años
Acaba de explotar

LOS CORREDORES

Me cansan los modos de los hombres,
Los modos que tenemos entre nosotros.
Cómo hablamos, cómo actuamos,
y luego Cómo damos la espalda a nuestro hermano.

Vivimos, pero morimos, vemos,
pero estamos ciegos.
Tomamos, pero rara vez
pensamos en dar.
Aprendemos, pero rara vez
conocemos nuestras mentes.

Y sin embargo seguimos,
como siempre, corriendo
en la dirección equivocada.
¿Por qué no podemos correr
a un ritmo más suave para captar
el saludable reflejo del sol?

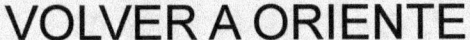

VOLVER A ORIENTE

A las suaves colinas de mi infancia
Donde yacen mis padres,
Largos años han descansado
Bajo el cielo de Pennsylvania.

De vuelta a casa,
Ningún otro pensamiento
mantiene tanto dolor,
Tan lejos de mis raíces
que necesito saborear
De mi hogar otra vez.

De vuelta a los inviernos montañosos,
A los grandes robles
Y a las primaveras que brotan,
A la explosión de color del otoño
cuando canta el Allegheny.

Volver a casa,
Aunque demasiado tarde,
Con todos mis seres queridos
desaparecidos. Solo y por mi cuenta,
Ya es hora, ya es hora,
De volver a casa.

GUÍA DE VIAJE

Dublín
Estocolmo
Alameda,

París
Lisboa
San Diego,

Londres
Nueva York
Santiago

Shannon
Bostón
Montenegro

Bruselas
Río De Janeiro

Roma
Sidney
San Cristóbal,

O en la plataforma
continental,

Donde vas Importa poco
Si no estás
Presente en ti mismo.

ACCIDENTE DE COCHE ADELANTE

Sólo quería advertirte de

los baches de la carretera.

Rápidamente pensaste que

había dejado la palanca.

Sin embargo, no eres testigo

de las grandes fugas negras en tu existencia.

Un firme compromiso para evitar la realidad,
Insistir en la dualidad.

Sigue conduciendo,
Pero si chocas y te abollas
No informes Del accidente

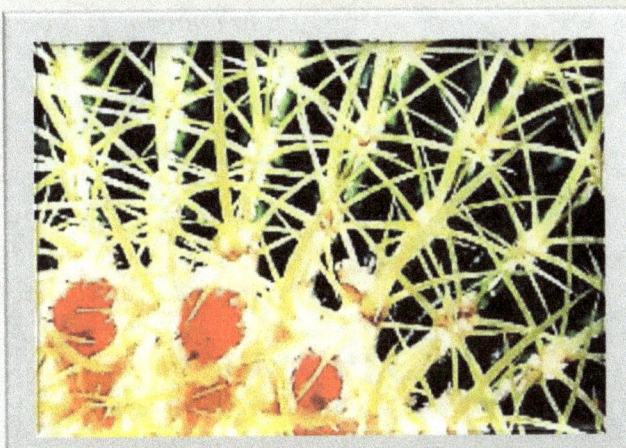

EN LA IMAGEN

En la imagen

Un niño sentado bajo
un roble.

Una mujer
En la casa
mira por la ventana.

Un ángel viene
A decirle a la niña
«Está triste y
enferma,

y no es culpa tuya».
«¿Quieres ser

Mi ángel
Y susurrarme

No es tu culpa?»

PÉTALOS CAÍDOS

Soy una rosa
especial.
Mantenme
demasiado cerca
Y me marchitaré;
No lo bastante
cercana Y
moriré.

POSEÍDO

Corazón oscuro,
¿Por qué vives en la oscuridad mientras todo alrededor
es luz?

¿Por qué debes mirar a la pena y tomarla como tuya?
¿No ves que al desperdiciar la belleza, desperdicias la
alegría?

Creas tu dolor y lo alimentas a diario.
Cuídalo con esmero.

Construyes tu vida con madera podrida, cuando ves la
podredumbre, construyes aún más.

Ahora en ese oscuro,
extraño lugar
Que has creado,
El Diablo encuentra a los suyos.

HOTEL EXTRAÑO

Ambos se sientan humeantes en las
profundidades del infierno.

Cada uno se agacha En la esquina asignada,
Cada uno pensando

«Soy la más triste de las almas, La rara y
consumada doliente».

Un día mágico Las puertas se abrieron
de par en par, (Aunque su miseria es
profunda y duradera).
Ella rechazó la libertad, Él eligió el infierno.
Se ocultaron aún más.
Tristemente, viven En este extraño hotel,
Privados de alegría O luz celestial.
En lugar de dulce paz, están
apasionadamente comprometidos...
A su demoníaca Lucha eterna.

LA PETICIÓN BUDISTA

¿Compasión sin límites?

Sigo ocupado

Escalando

El Resbaladizo

Árbol Del Ser

Creciendo

El pantano cenagoso
Del Samsara.

¿Compasión sin límites?

En el mismo minuto
Salgo De Este Maldito Árbol.

DEL MEDIODÍA A LA MAÑANA

Navegamos suavemente a través del cielo negro satinado,
Hacia la luna de limón.
A estribor, las galaxias flotaban mientras cantábamos nuestras canciones
marineras.

Por la mañana magenta Te habías alejado de mí,
Te escabulliste en la noche, Ahora vago solo en este mar lleno de
estrellas,
A la deriva en este vuelo astral.

A veces puedo verte mientras rozas...
La cara del sol.

Dudo que naveguemos juntos de nuevo, Mientras dirijo mi barco
solitario, Brújula en mano,
Viento a mi espalda,
Dirijo mi barco solitario.

EL CUCHILLO

De todos los cortes en mi corazón,
Y ha habido muchos,
el tuyo fue el más profundo
Por mucho.

EL AÑO DEL CABALLO

*Mi año contigo fue como
Montar un caballo
engrasado Cuya cola
estaba empapada en
aceite
Trenzado con cartuchos
de dinamita, Cada pata,
de una longitud diferente.*

*Amarte fue montar este
caballo Por una colina
resbaladiza En una
tormenta helada Sin silla
de montar,
Sin bocado entre los
dientes.*

*Entonces, una chispa de
más, Ambos explotamos
En trozos y pedazos
brillantes (Como las
estrellas) A través del
cielo nocturno.*

MI CABALLO, CUERPO

Este buen *caballo viejo,*

He estado montando en ella Toda mi vida.

Hemos galopado dentro y fuera
De mil aventuras salvajes.

Hemos recorrido medio mundo y hemos vuelto.

Hemos visto muchos problemas y muchas alegrías.

Las rodillas están mal, los hombros desgastados,
Aun así, se mueve un poco.

Creo que montaré a esta vieja yegua...
Hasta el final del camino.

Vieja y cansada, es mía,
Nos llevará a casa.

UN POCO SUPERFICIAL

El cerebro está bien
Pero lo hace guapo
Cada vez.

MEDIDAS DELICADAS

Bajar esquiando
    La interminable ladera
        Del tiempo,
            El éxtasis vuela.

Contempla la dispersión sin límites de las estrellas,
    Amanece la humildad.

Navega
    El infinito Océano del
        Amor humano,
           Los corazones se abren.

Vislumbra
    Los Exquisitos Pesares de la Humanidad,
        Los sentidos se aturden.

Pesados en intrincadas balanzas
    De sabiduría,
        las nociones de la dualidad se miden incluso.

EN ESALÉN

Para Sogyal Rimpoché

Si tu maestro
Comienza a
Expandirse
en Rayos de
luz

Si la luz
comienza a
brillar en
Un color
claro y
brillante

Si tu cuerpo
se derrite
Y el dolor se
evapora

Si todo
excepto la
Luminosidad
se desvanece

Acabas de ser
golpeado
Con el
espíritu de
Dzogchen.

NAVIDAD

*La Navidad sólo llega una vez al
año. Me parece muy bien,
Porque el buen señor sólo sabe
que no podría soportarlo dos
veces.*

LA EXCAVACIÓN

Hay un agujero de barro en mi mente,
Una rica excavación arqueológica.

Revuelvo y encuentro
Todo tipo de artefactos.

Están ahí. Sólo necesito unas botas altas y una
pala para desenterrar viejos huesos.

Palabras, sentimientos perdidos, recuerdos
olvidados, buenas razones...
Para el mal comportamiento, hallazgos
sorprendentes.

Obedientemente, escribo
Registro, clasifico.

Sólo una cosa. Ese agujero de barro es más
productivo a las tres de la mañana.

EL MALVADO MONO VERDE

Ese mono ha vuelto.

Lanza obscenidades a los funcionarios, diagnostica drásticamente a los
ligeramente trastornados, maldice a los buenos cristianos,
frunce el ceño y frustra a los amigos.

Le digo a ese mono «Sigue así
Estamos destinados
A severas sanciones sociales».

A ese mono no le importa, sigue frunciendo el ceño.

Finalmente, está acabado. Salta de mi espalda y sale por la ventana.

¡Ese mono loco!

BAJANDO LENTAMENTE

Volviendo a donde
Empecé, me doy cuenta
Por qué me fui.

Esta prisión de terciopelo, este mar
De insípida tranquilidad
Donde todas las reglas están puestas.

Me estoy hundiendo lentamente,
En este pantano
De convencionalismo,
Esta brutalidad sutil.

Sin un alma que me salve.

SEÑORITA BOO CAT

*El gato se fue. Me afligí
Lloré
Casi me muero. La amaba tanto
Pasaron dos meses,
Ella nunca apareció Más lágrimas
fluyeron.*

*Me sentí muy triste
La vida parecía extraña,
Hasta el día
En que ella reapareció.*

A UN VIEJO

Oh, qué
farsa he
interpreta
do
Para
complacer
te. Te
fuiste de
todos
modos.
Simpleme
nte podría
haber sido
yo mismo,
entonces,
al
menos...
Me
estarías
dejando a
mí.

ANEMIA GRAVE

Tu conversación es algodón de azúcar verbal:
Pegajoso, rosa y esponjoso, Disolviéndose en nada En
mi boca.

Masticando aire dulce, con arcadas de
Azúcar hilado,

Dime algo real,
Algo breve e ingenioso,
Unas pocas pepitas de sabiduría,
Un bocado de verdad,

No tiene que ser de grado A,
Pero después de hablar
contigo siento la necesidad
De desgarrar
Un gran trozo de carne roja, cruda.

COMO HACER PESTO

Pesto, maravilloso pesto, Sobre pasta,
Pasta al pesto. Oh, el sabor.
Dinamita verde fresca en tu lengua.

No hay nada como el pesto.
Tome albahaca, parmesano, ajo, aceite de
oliva y Blendo, (ah, la fragancia) Entonces,
presto-
¡Pesto!

EL MONO SOÑADOR INTRIGANTE

El mono ha vuelto.

Holgazaneando en los hermosos días de otoño,
Soñando con aventuras salvajes
En países tropicales, anhelando la flora ecuatorial,
maquinando formas de hacer volar esta ciudad.

Le digo al mono: «Sigue así
Y nos perderemos El dulce jugo
De hoy».

A ese mono no le importa, sigue soñando.

Finalmente, está acabado.
Salta de mi espalda y sale por la ventana.

¡Ese mono loco!

RESPUESTA

Paso ligero. Susurra.

No despiertes a mi musa.

Volverá pronto,

Una banshee chillona golpeando mi cerebro,

destrozando la noche, y ¡oh, los días!

Así que, al menos,

Hasta mañana. De puntillas.

PSICOSANGUÍNEA

Te negaste a amarme.
  Mi corazón se desgarró.

Ahora, cada vez que pienso en ti
  Mi corazón sangra.

¡Ya ves!
  Justo ahora, esta sangre
    Goteando En
      El
        Piso

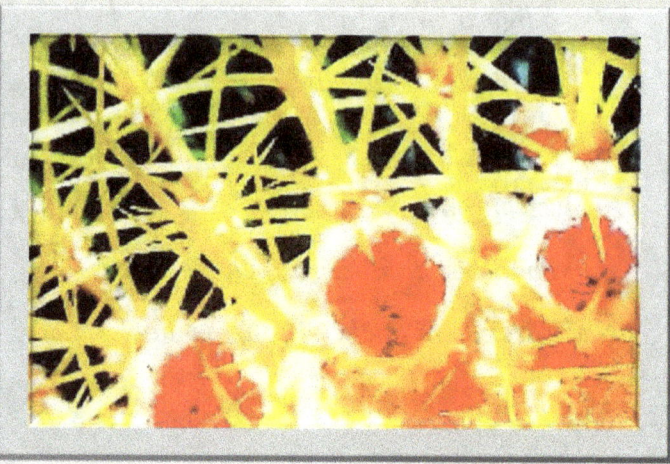

CAJA INCORRECTA

Por favor, no me pongas en tu caja.
No es mi caja.
Es demasiado pequeña.
Mi espíritu ha crecido a tres metros de altura.
No cabré en una caja.

Si sientes que debes renombrarme,
etiquetarme y contenerme, entonces
envuélveme en una bolsa
con piedras,
Arrójame al río más profundo,
O ponme en una celda que cierre
con llave,
Pero por favor, y ahora te lo ruego,
No me pongas
En una caja.

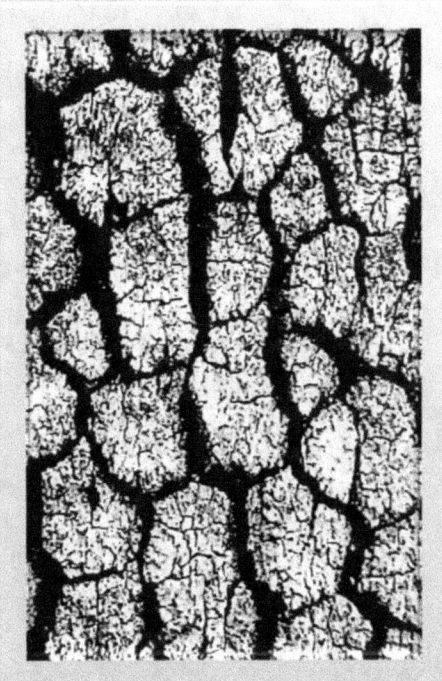

SIN OPORTUNIDAD

Estás tan firmemente plantado
En un mundo de fuerza y lógica, ¿Te atreves a imaginar Un
mundo translúcido y sutil de flujo y luz?

No encuentro forma
De abrirte a lo luminoso que tan fácilmente existe para mí.

No hay posibilidad
De que nuestros mundos choquen. No estamos rodeando Al
mismo sol

TAZA DE TÉ

Nos dejaste caer en el suelo de baldosas, Nos destrozamos
En mil pequeñas astillas.
Nunca volviste para barrerlos... estos pedazos dentados de nuestra fina
Taza de té de China

SOPA DE GENES

He leído un libro sobre genética Que me ayudó a ver claramente,
que no soy nada más ni nada menos que un chimpancé mejorado.

He sospechado en secreto Algo así,
Un babuino, un mono
O un orangután, descarado, naranja y gordo.

Esto puede asustarte aún más, ponerte histérico,
Pero antes que el chimpancé,
Soy pariente de una vieja bacteria.

No te hagas el estirado conmigo ni actúes como

si siempre hubieras sabido que mis orígenes eran dudosos

SHIVA

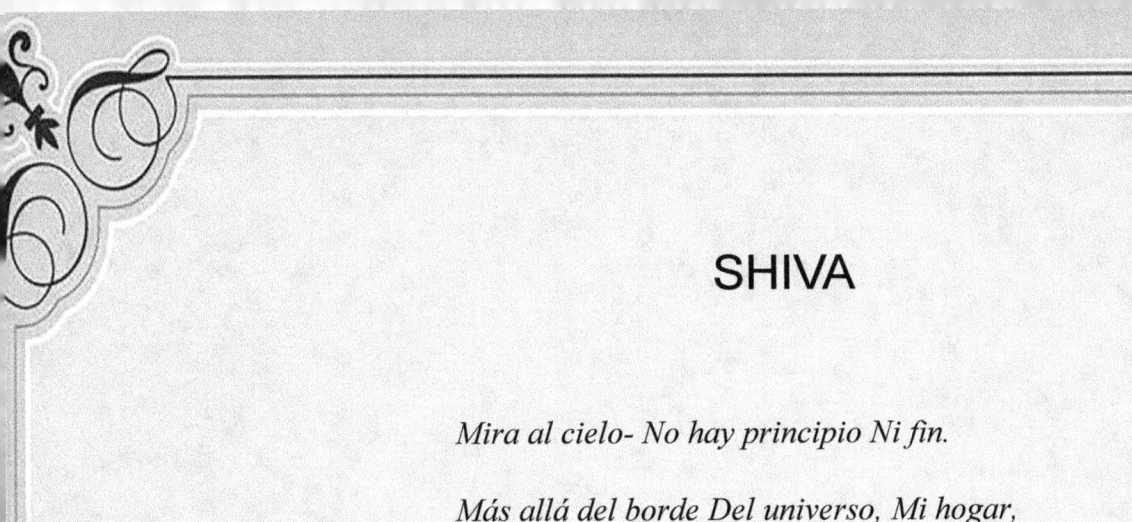

Mira al cielo- No hay principio Ni fin.

Más allá del borde Del universo, Mi hogar,
No hay fronteras
No hay límites sólo el infinito.

Para mí el tiempo es un círculo.

No hay primero... No hay último...
Sino siempre.

Yo fui
Antes de la eternidad... Seré
Después de la eternidad.

Contemplar el espacio y el tiempo te acerca a mí.

Acercate

LLAMADA

Por aquí,
Esta pequeña voz
llama desde un
rincón del
universo.

Por aquí, ven a
buscarme.
Tengo un mundo
de joyas
maravillosas en
mi bolsillo.

Ven a buscarme y
las compartiré,
una por una.
Una maravillosa,
Contigo

ARTE, CIENCIA Y GEOGRAFÍA

*Los humanos
somos calderas
calientes de arte y
ciencia.*

*Nos derramamos,
vertemos,
erupcionamos.*

*Kilaueas en
miniatura
arrojando
Tierra cruda,
nueva Hacia el
infinito.*

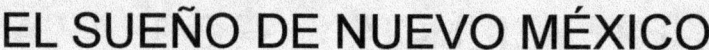

EL SUEÑO DE NUEVO MÉXICO

*Vientos crudos, del oeste Barren a través
de Mesas anchas. Cielo exquisito, El
dosel.*

Espíritus voluntariosos, Tropas de enebro.

Sólo los arraigados resisten.

*Todo lo demás, Hace mucho, mucho
tiempo que se fue.*

*Al placer, De los dioses del desierto, los
coyotes cantan su loca canción de amor a
esta temible belleza.*

Así es mi lienzo interior:

*Un amplio y limpio paisaje del alma en
pálidos tonos tierra. Sin embargo, a veces,
en el sueño más profundo, sueño con
noches frescas y húmedas.*

De campos verdes.

¿Cómo podría no hacerlo?

*La lluvia celta corre con antiguos
recuerdos por mi sangre.*

VIAJAR DESCALZO

Viajar descalzo. Sin mapa,
Sin sombrero
Contra el sol abrasador.
Pura voluntad
Para impulsarme,
He tropezado hacia adelante En la vida.

Cegado por el sudor, empapado por el tremendo trabajo,

sin camino a veces, medio perdido la mayoría de los días,
Me topé con muros de piedra.

Sin embargo, maltrecho y magullado,
he encontrado mi camino,
Con la guía de los santos y la suerte de los tontos...

BAJO LA ALFOMBRA

El hombre Chuckawalla Baby Bite Choo
Vivía bajo la alfombra del salón.

Él era absolutamente aterrador, A pesar de que era
El tamaño de un insecto.

Tenía largos dientes verdes, ojos rojo sangre,
y frecuentes ataques de furia.

Un día el perro pasó galopando...
y lo hizo pedazos.

Aparentemente una zarpa cayó...
Y lo atrapó en el cuello.

Aunque ha pasado un año desde entonces,
Su mujer sigue destrozada.

LA BEBIDA

Cuando se trata de amor a menudo
encuentro Un pequeño sorbo de veneno es
tan bueno Como un gran vaso lleno
Del mejor vino francés

ERA

*Desconcertado en
Búfalo, Triste en
Sacramento, Asustado
en Scranton, Frenético
en Fresno.*

*Me sentí
Tonto en Filadelfia,
Conmocionado en
Chicago, Molesto en
Memphis, Disgustado
en D.C.*

*Estaba
ansioso en Austin,
atascado en
Milwaukee,
desconcertado en
Florida, perdido en
Los Ángeles...*

*Ahora estoy
Casi maníaco en
Nuevo México, Y en mi
camino
A un colapso brutal en
Brasil*

MÉXICO

México, dulce México, Brillan
tus atardeceres Fluyen tus colores.
Tus cálidos vientos soplan.

Ahora todo lo que quiero es ir
A México.

Oigo el susurro
De la canción de la Virgen morena
La música de las fiestas ondea,
Amo tu alta Sierra Madre,
Tu mar salado y sensual,
Por favor, México,
Guárdame un lugarcito.

CONSEJOS SOBRE LA CÁSCARA DURA

Como le decía a mi gato
el otro día,

Si estás planeando reencarnarte,
...yo no repetiría, no me reencarnaría en ninguna
versión de la humanidad.

Sin embargo, si debes hacerlo, yo me mantendría...
bien lejos de cualquiera
... que blande una Biblia, una Torá o un Corán.

Esta tríada empezó mal...
...y tristemente son aburridos carniceros locos.

Algún problema sobre lazos familiares
O quién se lleva el premio O algún punto esotérico.
No, señorita Boo Cat, yo iría con las tortugas

UNAS PALABRAS DEL MONO

¡Oh, no!
Ese ser humano tonto de mente pequeña.

Tan comprometido con la lógica, Casado con todas las reglas. Nunca baila descalzo bajo la
lluvia. Temeroso de los vuelos libres Desde los altos árboles
hacia el aire.

Le digo a ese ser humano «Sigue así
Y no nos divertiremos,
En ninguna parte».

A ese humano no le importa Sigue navegando
El pálido beige doldrums. Me largo de aquí
.

GRACIAS A

MARY BADARAK POR SU INAGOTABLE APOYO TÉCNICO. JENET GROVER POR LA EDICIÓN. MARY LAUSTEN POR SU CONSTANTE APOYO MORAL. AMIGOS Y VECINOS DEL LAGO COCHITI